Narratori Feltrinelli

Banana
Yoshimoto

Che significa diventare adulti?

Traduzione di Gala Maria Follaco

Titolo dell'opera originale
OTONANI NARUTTE DONNA KOTO?

Disegni di
TOMOMI GOTŌ

Traduzione dal giapponese di
GALA MARIA FOLLACO

Prima edizione ne "I Narratori" gennaio 2024
Seconda edizione febbraio 2024

Stampa Grafica Veneta S.p.A. di Trebaseleghe - PD

ISBN 978-88-07-03581-4

Premessa

Partiamo con i ringraziamenti...

Grazie a Tsurumi Chikako, della casa editrice Chikuma shobō, per avere atteso con pazienza e fiducia che completassi questo libro. Credeva fermamente che l'avrei portato a termine, e la sua serenità è stata per me l'incentivo più prezioso per andare avanti.

Sono felicissima che Gotō Akemi, che ammiro immensamente, abbia illustrato il mio libro!

Credo che disegnare la felicità senza riserve sia un atteggiamento agli antipodi rispetto a quello di tanti artisti contemporanei. Ecco perché Gotō, anche se siamo lontane, è per me una compagna importante.

E grazie al mio staff per la consueta collaborazione.

Nelle prossime pagine scriverò molte parole, forse anche troppe, ma in realtà il messaggio che voglio trasmettere è uno soltanto: "Non è necessario diventare adulti, l'importante è che rimaniate fedeli a voi stessi". Questo è il solo obiettivo con cui noi tutti siamo venuti al mondo.

Vorrei quindi che fosse questa premessa ad accompagnarvi nella lettura.

Adesso potrà sembrarvi difficile, ma cercate di ricordarvelo a tempo debito. Questo libro potrebbe esservi di conforto un giorno o l'altro, un giorno magari anche molto lontano.

Nei momenti in cui vi sentite scoraggiati o così abbattuti da perdere la fiducia in voi stessi riprendete queste pagine, rileggetele, e vedrete che riuscirete a ritrovare la sintonia con la vostra interiorità e a rimettervi in carreggiata.

Ho cercato di scrivere un testo che funzionasse un po' come un amuleto. Pieno zeppo dei miei migliori auspici.

La mia speranza è che questo libro accompagni le notti insonni di chi per età è ancora bambino e di chi, pur essendo già adulto, continua a prendersi cura del bambino che porta dentro di sé.

Inizio estate 2015
Yoshimoto Banana

Che significa diventare grandi?

Ricordo perfettamente l'istante in cui ho capito di essere diventata grande.

Purtroppo per me accadde piuttosto tardi, quando frequentavo già le scuole medie.

La mia infanzia è stata molto felice, piena di amore da parte di tutte le persone che mi circondavano, ma al tempo stesso è stata anche dura.

Un leggero problema alla vista e le circostanze stesse della mia nascita, avvenuta quando mia madre era già in là con gli anni e in condizioni di salute piuttosto precarie, hanno avuto effetti devastanti sul mio carattere, per natura estremamente sensibile. Mia madre era una donna di indole affettuosa e solare ma piuttosto gracile, e dopo avermi partorito riuscì a occuparsi di me solo con molta difficoltà.

Da quella situazione sono uscita interiorizzando una strana combinazione di faccia tosta e delicatezza, miste alla giusta dose di indifferenza verso le opinioni altrui e alla capacità di intuire gli stati d'animo delle persone.

Fu questa particolare attitudine a consentirmi di sopravvivere all'infanzia, un'attitudine che conservo tuttora.

Le persone crescono senza cambiare più di tanto. E la vita è bella anche per questo.

Una volta diventati adulti, è fondamentale ritornare all'infanzia e rimettersi in contatto con il vero sé.

La cosa di cui si ha più bisogno, ormai cresciuti, è la capacità di interpretare le più svariate situazioni con la sensibilità di quando si era bambini. È l'unica vera bussola che abbiamo a disposizione nella vita. Vale per qualsiasi professione ed età.

Il problema è che il valore delle esperienze vissute

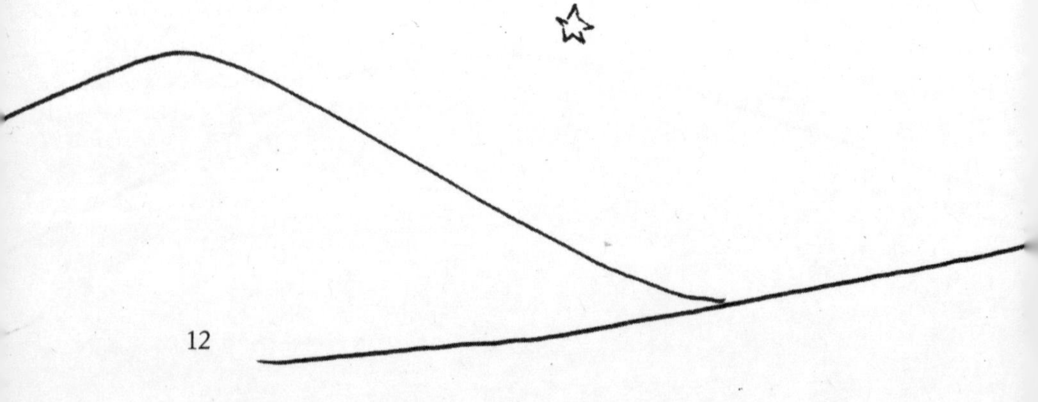

nell'infanzia, come il peso di ciò che ci portiamo dentro sin dalla nascita, non ci appaiono dotati di senso fino a che non diventiamo adulti. Un'ulteriore dimostrazione del procedere perfetto della vita.

Ripensandoci adesso, mi rendo conto che durante le scuole medie soffrivo di una qualche forma di depressione.

La causa della mia tristezza era stata la partenza di mia sorella per Kyoto, dove avrebbe frequentato l'università. La mia sorella maggiore, quella che si era sempre occupata di me come una madre.

Ricordo che il giorno prima della sua partenza piansi fino allo sfinimento e volli dormire insieme a lei. Per mia sorella era un momento felice, stava andando incontro alla propria libertà, mentre per me era una situazione dolorosa perché stavo perdendo la persona che si era da sempre presa cura di me.

Mia madre, legata a lei quanto lo ero io, soffrì altrettanto per il distacco e finì per chiudersi sempre più in sé stessa.

Mio padre, dal canto suo, si sottrasse al vuoto dell'acquisita indipendenza della propria primogenita per gettarsi anima e corpo nel lavoro.

Per la prima volta mia sorella avrebbe avuto degli amici che non sarebbero stati anche i miei, avrebbe vissuto felice in un mondo che non era il mio. Mentre io soffrivo, lei era contenta. Una realtà che all'epoca faticavo ad accettare.

E pensare che oggi, invece, riuscirei ad augurarle solo il meglio, a fare veramente il tifo per lei.

Come se non bastasse, quell'anno gli amici che frequentavo dalla quarta elementare avevano cambiato classe, quindi avrei dovuto affrontare nuovi compagni.

In quel periodo, per la prima volta in vita mia, mi sentii davvero triste.

Fino ad allora, se succedeva qualcosa di sgradevole a scuola, trovavo conforto nel pensiero che, tornando a casa, ci sarebbe stata mia sorella nella nostra stanza, avremmo fatto merenda o sarei uscita per una passeggiata insieme a lei, mi sarei addormentata con in sottofondo il suono dei programmi serali che aveva l'abitudine di ascoltare alla radio.

La mia tristezza, però, aveva un senso. Averla provata mi ha fatto crescere.

La sofferenza può anche far male sul momento, può turbarci a un livello più profondo di quanto immagineremmo, ma è sempre il preludio di qualche cosa. Dobbiamo solo crederci, e tenere duro. Il pensiero positivo a ogni costo non ci è di alcun aiuto, e d'altronde non possiamo neanche far finta di niente. Affrontare la parte più infelice e impotente di noi, stringere i denti e andare avanti con tenacia è uno dei passaggi ineludibili della vita.

A quel punto, però, io non ero ancora diventata veramente grande.

La tristezza mi soffocava al punto da non riuscire nemmeno a respirare.

Ciononostante, mi feci dei nuovi amici e così sono riuscita a sopravvivere. Ma ci vollero molte energie, diventai insofferente a tutto e per certi versi mi ritrovai in una condizione di apparente passività. Anziché pensare, cercavo di agire in base alle necessità del momento.

All'epoca studiavo inglese con una cara amica di mia

madre, ma andare a casa sua era complicato perché abitava piuttosto lontana. Una volta a settimana dovevo farmi un'ora di treno, da Sendagi a Musashi Koganei.

Il sabato pomeriggio mi recavo là tutta sola, mentre sarei voluta uscire a divertirmi con i miei amici; studiavo inglese per due ore e poi me ne tornavo a casa quando era già buio... Mi pesava moltissimo ma non osavo dirlo, e così continuai, seppur riluttante.

Adesso saprei sfruttare quel tempo del viaggio per comprare uno snack lungo la strada, bere qualcosa, fare una puntatina in libreria, ma all'epoca non ne ero capace.

Ero fondamentalmente depressa, ogni movimento costituiva per me uno sforzo enorme e sarei rimasta volentieri a poltrire tutto il giorno.

Ero così priva di energie che ogni volta, durante la lezione di inglese, dopo che la mia insegnante mi aveva offerto la merenda, mi appisolavo.

Lei ovviamente si arrabbiava, diceva che se andavo fin laggiù per dormire tanto valeva che me ne stessi a casa. Comprendevo la sua irritazione, ma il mio era un grido d'aiuto.

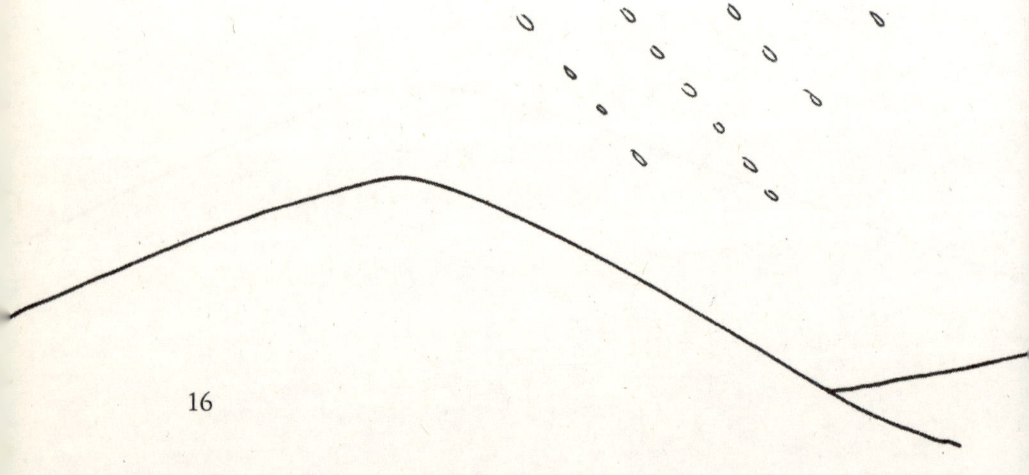

Perché ti arrabbi, non vedi quanto sto male?

Ma l'amica di mia madre, che dedicava tempo e fatica a preparare le lezioni di inglese per me, in una situazione come quella poteva solo irritarsi, era comprensibile.

Se fossi stata adulta le avrei dato una spiegazione, le avrei detto: "Ci sono altre cose che preferirei fare; ogni volta devo arrivare fin qui, non ho abbastanza tempo per studiare quanto vorresti tu o capita che non mi senta bene. D'ora in avanti ti telefonerò il giorno prima per avvisarti se ho difficoltà a venire, ma oggi ti prego di perdonarmi".

Solo che allora ero ancora troppo piccola per sapere come dare delle spiegazioni, intorno a me non c'era nessuno a insegnarmelo, così semplicemente tacevo.

Davanti ai suoi rimproveri mi svegliavo, cercavo di fare ciò che mi diceva e alla fine me ne tornavo a casa, profondamente ferita. Forse non avevo alcun diritto di sentirmi ferita, ma se da un lato traevo vantaggio dall'amicizia che legava mia madre e la mia insegnante di inglese, dall'altro soffrivo perché non mi sentivo compresa.

Emozioni così gratuite sono tipiche dell'adolescen-

za. Per i miei genitori e per le altre persone che mi circondavano spiegare con naturalezza che cosa mi facesse stare male sarebbe stata una cosa da nulla.

Per me, invece, parlarne era difficilissimo. Mi pesava, come se da ciò dipendesse la mia sopravvivenza.

La distanza tra la loro e la mia sensibilità era caratteristico della fase adolescenziale.

Fino ad allora, gli adulti mi erano sembrati un'estensione del mio corpo, ma le cose erano cambiate. All'improvviso ero diventata impaziente e volevo lasciarmi alle spalle il mondo dell'infanzia.

I giorni passavano e il mio stato di prostrazione non accennava a placarsi, finché ebbi un tracollo fisico e il medico mi riscontrò un problema ai reni piuttosto allarmante. Mi trovarono leggere tracce di sangue nelle urine. Sono tuttora convinta che il mio corpo stesse gridando un disagio dettato dal cuore.

I medici sembrano fatti apposta per spaventarci e il mio disse che, se fossi andata avanti così, sarei finita in dialisi, che dovevo evitare il sale, fece mille discorsi angoscianti finendo per acuire la mia depressione.

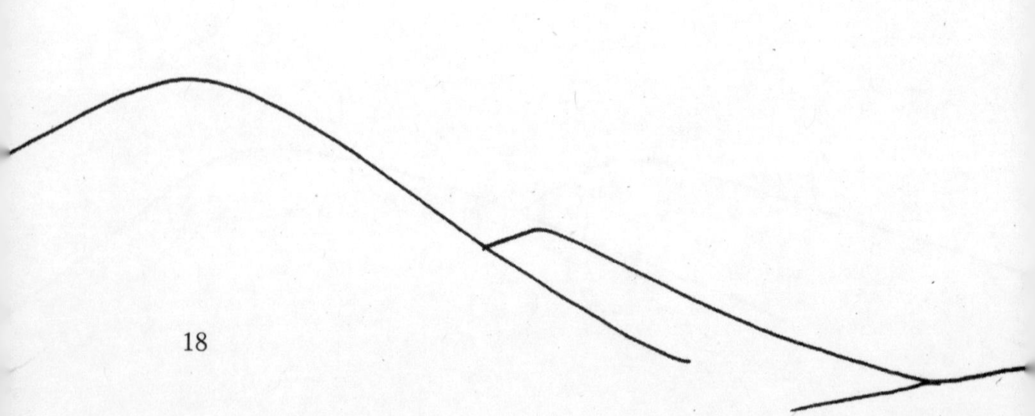

Il giorno della mia ultima visita mi ero svegliata in preda a una forte agitazione. In condizioni normali mi sarebbe bastato arrivare a scuola per riuscire tutto sommato a svagarmi, ma quel giorno non era previsto che ci andassi, dovevo recarmi in ospedale, bere un litro d'acqua, farmi fare una flebo dolorosa e sottopormi a prelievi di sangue.

Finché avevo accanto la mia amica Aratani, costretta anche lei a sottoporsi a esami e flebo, la situazione era sopportabile, ma le sue condizioni erano leggermente peggiori delle mie e a un certo punto ricevemmo trattamenti separati: quindi rimasi sola.

Tuttavia, siccome ero pur sempre un'adolescente, quel giorno insieme a me c'erano mio padre e l'anziana caposala dell'ospedale, che per noi era una specie di parente acquisita. Probabilmente in quella circostanza non ricambiai il loro affetto come avrebbero meritato.

Ora come ora penso che una ragazzina che frequenta le scuole medie sia abbastanza grande per andare a fare le analisi da sola, ma mio padre era una persona gentile e volle accompagnarmi. Anche la caposala si offrì di venire con noi, trattandosi del suo campo di lavoro. Adesso comprendo il valore di quel gesto e credo che qualsiasi espressione di gratitudine nei loro confronti risulterebbe insufficiente.

Essere così concentrati su sé stessi da non riuscire nemmeno a ringraziare chi ci sta intorno è un altro tratto distintivo delle persone ancora immature.

Gli esami terminarono intorno a mezzogiorno, e a quel punto ero davvero esausta. Decidemmo di mangiare *soba* prima di tornare a casa e ci infilammo in un ristorantino famoso proprio di fronte all'ospedale.

All'improvviso, proprio sulla porta dell'ospedale, ebbi una specie di illuminazione.

Non c'ero solo io, c'erano anche quelle due persone che, tralasciando i propri impegni, quel giorno avevano scelto di venire con me.

Avevano aspettato in un corridoio, ricevuto i risultati delle analisi insieme a me, trascorso lunghe ore in piedi. A me sembrava scontato che lo facessero, ma mi sbagliavo. La loro attenzione nei miei confronti, la disponibilità ad accompagnarmi, erano qualcosa di estremamente prezioso.

E finalmente l'avevo capito.

Se nel caso di mio padre si trattava di un gesto più che comprensibile, la presenza della caposala, venuta apposta da Ibaraki, non era di certo scontata.

A far maturare la mia gratitudine fu un insieme di sensazioni, non riuscivo ancora a spiegarmelo a parole.

Allora afferrai la borsa della signora. Pesava come un macigno. L'aveva portata per tutto il tempo, e solo per me. Le dissi: "Grazie per oggi. Lasci almeno che gliela porti fino al ristorante".

Non potrò mai dimenticare l'espressione stupita di mio padre in quel momento. Non ero ancora matura al punto da ringraziare anche lui, ma dentro di me gli ero grata. Estremamente grata.

Mentre mangiavamo i *soba*, mi accorsi di essermi dimenticata del fastidio delle analisi e del malessere fisico.

Se si agisce correttamente, il nostro cuore si libera.

Fu quello l'istante in cui diventai grande.

Quando per la prima volta pensai agli altri prima che a

me stessa, riuscii a metter da parte la vergogna, la preoccupazione di come gli altri mi vedevano dall'esterno, l'insofferenza, e riuscii a considerare in maniera oggettiva quanto fossi fortunata.

A proposito, quel ristorante di *soba* c'è ancora.

Prima di morire, mio padre era ricoverato nello stesso ospedale, e in quel periodo andavo spesso a mangiare lì. Ci andavo con un amico che lavorava part-time come autista. Gli ero grata per il fatto che mi accompagnasse e glielo dicevo in continuazione.

Non riuscivo a credere che il ristorante ci fosse ancora, né avrei mai immaginato, un giorno, di mangiare quei *soba* deliziosi con una tale tristezza nel cuore.

Sin da piccola ci ero andata, insieme a mio padre e a mia madre, quando facevamo visita a qualcuno in ospedale.

Non sarei mai più stata lì insieme a loro.

Era la frase più dolorosa che potessi formulare nella mia testa e cercai di non pensarci.

Perché ormai ero un'adulta.

o

Dentro di me piangevo a dirotto come una bambina, protestavo, ma non lo lasciavo trasparire.

Di una cosa, però, sono certa.

Niente conta più della forza di accettare quel bambino che piange a dirotto dentro di noi. Non bisogna rinnegarlo. Solo così nel nostro cuore si creerà lo spazio necessario a farci risollevare.

È così per tutte le età.

Crescere significa stringere a noi il bambino che ci portiamo dentro e vivere una vita da adulti.

Non a caso, gli adulti dicono sempre che vorrebbero tornare bambini.

È perché da bambini non dovevamo prenderci la responsabilità delle nostre azioni.

Da adulti dobbiamo assumerci tutte le responsabilità e i rischi, e questo a lungo andare finisce per logorarci.

Ma il tempo dell'infanzia cui si fa riferimento di solito è, a mio avviso, uno spazio percorso da un'energia che solo i bambini sono in grado di sprigionare.

Da adulti finiamo per abituarci a così tante cose che nulla è più in grado di incantarci.

Durante le lezioni mi abbandonavo a inseguire i pensieri all'infinito, fino magari ad addormentarmi, e ancora oggi mi torna in mente quel senso di libertà. Era inutile, una perdita di tempo, eppure aveva un significato. Certo, nella vita degli adulti, così piena di obblighi, recuperare quel tipo di energia mentale è piuttosto complicato. Salvo nei viaggi, quando il paesaggio davanti ai nostri occhi è diverso dal solito, lontano da tutto ciò che quotidianamente ci ricorda le nostre responsabilità.

La mia costante preghiera, però, è di riuscire a combinare l'energia pervasiva dei bambini con il libero arbitrio degli adulti…

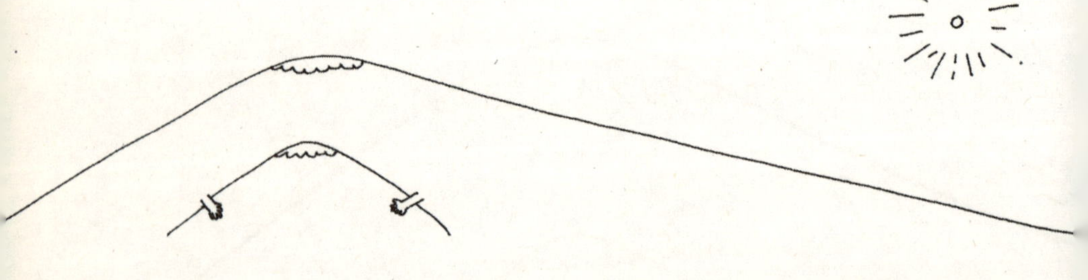

Si deve studiare per forza?

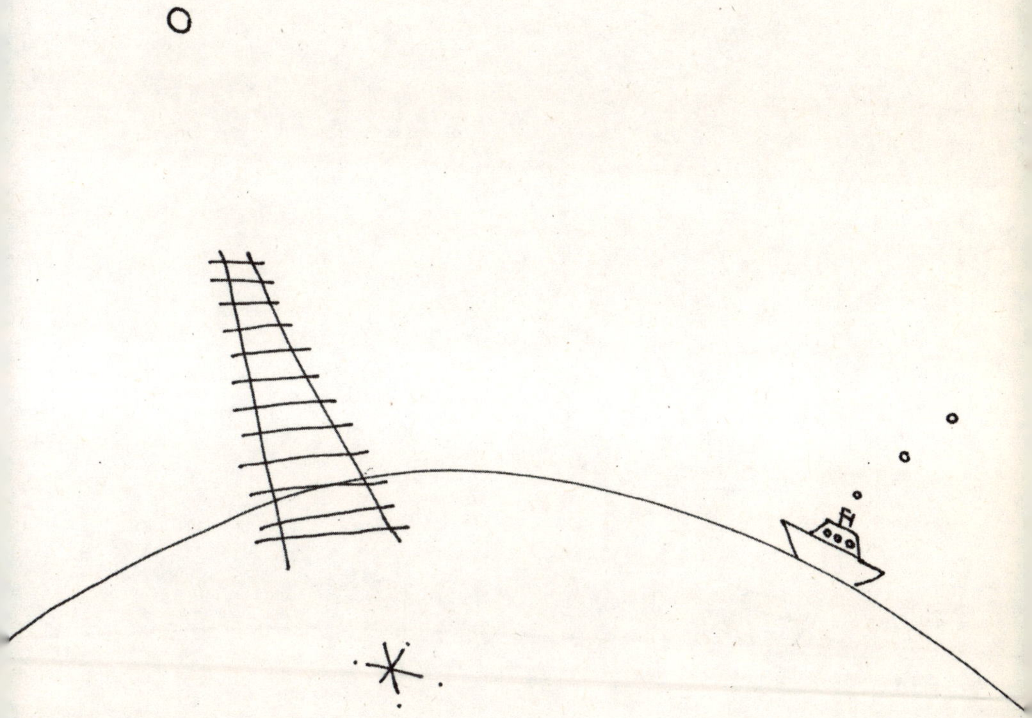

Da un certo momento in poi, a scuola ho cominciato a fare solo ciò che mi interessava.

Più o meno ai tempi del liceo, credo.

Ovviamente non potevo smettere di andare a scuola, e così ogni giorno mi presentavo in classe, sonnecchiavo, scrivevo i miei racconti, prendevo qualche appunto, leggevo, scrivevo lettere, mi isolavo dalle lezioni.

...messa così sembrerebbe uno spasso, certo è che per i miei professori ero un problema, anche perché, standomene lì tranquilla e senza disturbare i miei compagni, apparentemente creavo meno grattacapi rispetto ad altri. Ma lo stesso sono stata sgridata, ho portato i miei insegnanti all'esasperazione e mi sono presa perfino qualche schiaffo.

Penso però che all'epoca fossi arrivata ormai al limite. Ero già troppo adulta per sopportare di stare incatenata ore e ore a un banco a fare cose per me senza senso.

Già allora avevo deciso che sarei diventata una scrittrice.

E per questa ragione, volevo dedicare il mio tempo e le mie energie a studiare come farlo nel modo migliore.

Studiare, per me, significava quello. Da un certo punto di vista, credo che noi tutti per vivere dobbiamo studiare. Quando non impariamo niente, la nostra vita cade nella trappola della noia, non è vero? Il mondo è pieno di modi per sfuggire alla monotonia e cercarli, imparando cose sempre nuove, è nell'indole dell'essere umano. Qualsiasi sia la strada che vogliamo esplorare, quello sarà l'oggetto del nostro studiare.

Quando esprimevo questo mio pensiero, gli insegnanti mi davano puntualmente una risposta che poteva essere: "Sì, d'accordo, ma non sai ancora se diventerai scrittrice, quindi è meglio che studi anche tutto il resto",

oppure: “Se ti mancano le competenze minime che ti dà il liceo, dubito che ti affermerai come scrittrice”.

Forse perché ormai sono una vecchia brontolona, o perché non mi spaventa più esprimere le mie opinioni – non ne ho idea –, ma ho come l’impressione che gli esseri umani non siano nati per sviluppare abilità illimitate o per saper fare tutto. Ma va bene anche così, o mi sbaglio?

Certo, si alza gradualmente l’asticella, ci si abitua e alla fine si raggiunge il risultato.

In questo modo si possono fare tante cose incredibili, quindi non è affatto inverosimile diventare scrittori mentre si frequenta la scuola. In effetti io stessa, scrivendo e studiando, sono riuscita a completare sia il liceo che l’università, anche se per il rotto della cuffia.

Solo che all’epoca del liceo faticavo a contenere l’impeto delle mie passioni.

Non sentivo alcun desiderio di frequentare le lezioni con tutti gli altri, di fare la loro stessa vita, di mettermi in cerca di un lavoro, quindi l’unico modo per resistere era trascorrere quel tempo a modo mio.

E mi dispiace molto dirlo, mi sento in colpa, ma c'erano pochissimi insegnanti che tenessero lezioni per me stimolanti. Alcuni però c'erano. Non entrerò nello specifico perché non posso fare nomi ma, per quanto sonno potessi avere, mi appassionavano le loro lezioni perché spiegavano le cose viste da una prospettiva ampia, indipendentemente dall'argomento.

Nelle scuole giapponesi, se non si è interessati a qualcosa, capita di sentirsi spesso dispiaciuti, ci si colpevolizza per l'impegno profuso dai professori e per tutti i compagni che se ne stanno seduti ad ascoltare attentamente.

Ma ora posso sentirmi tranquilla. So che c'è poco da fare se ci si annoia, e se esiste qualcosa che ci appassiona, viceversa, è bene concentrarsi su di essa, anche a costo di rimetterci ore di sonno. E se quello studio è necessario per il nostro futuro, dobbiamo cercare di rendercelo il più possibile interessante.

Per la verità, fino al liceo non ho mai preso in mano opere di scrittori come Dostoevskij, Tolstoj o Natsume Sōseki. Leggevo giusto qualche classico poco complesso, mystery, fantascienza, manga, Sagan, Dazai Osamu e Tachihara Masaaki. Tuttavia, di ciò che leggevo poi disegnavo vignette, facevo recensioni, insomma a modo mio studiavo quei testi con impegno.

Da questo punto di vista, il tempo che la vita ci mette a disposizione affinché possiamo imparare qualcosa non è affatto poco. Intorno ai cinquant'anni ho ripreso a leggere i classici e a guardare vecchi film. Posso studiare quanto voglio, e in un modo che in fondo non differisce poi tanto dai tempi del liceo, quando seguivo le lezioni in totale solitudine.

E finalmente riesco a vedermi sotto una luce positiva, mi dico che tutto sommato allora facevo bene a comportarmi così.

Non credo che le persone, per natura, possano imparare qualcosa a intervalli regolari, né che si riesca a fare una cosa nuova di punto in bianco dopo una pausa di dieci minuti. La scuola è un luogo in cui passiamo il tempo ad allenarci per adattarci alla società.

Quindi, se si vuole ottenere un pezzo di carta, se si vuole entrare in una determinata scuola con l'idea di

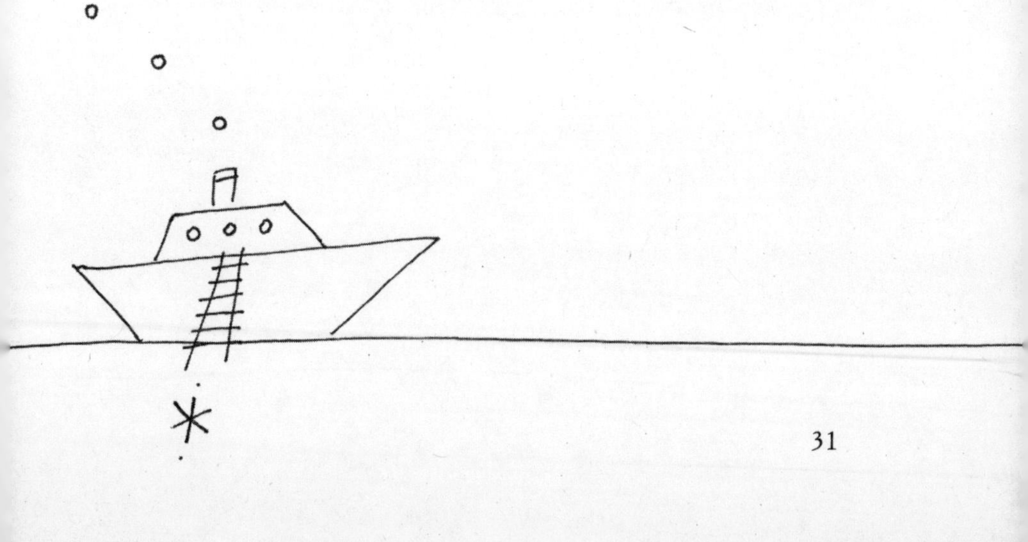

studiare materie precise, accontentandosi di come vengono insegnate le altre, allora si può accettare di dividere in parti una giornata e impiegare ciascuna porzione di tempo in modo diverso; ci si può appassionare a cose estranee alle materie insegnate o disinteressarsene completamente, ma poi ci si ritrova nei guai nel percorso scolastico o semplicemente si finisce per pensare troppo. E secondo me non conviene pensare troppo.

Ai tempi del liceo partecipavo così di controvoglia alle lezioni di materie che non mi appassionavano, e le ore passate costretta in un banco sono state per me così traumatiche che ancora oggi non riesco a stare seduta per troppo tempo nello stesso posto. Anche se sono a un concerto o a una conferenza che mi interessano, mi torna in mente quel periodo e rabbrividisco. È stato davvero tremendo...

Di tanto in tanto mi capita di viaggiare con amici che svolgono lavori meno particolari rispetto al mio, e la sera prima del rientro a casa li vedo affranti, quasi in lacrime: la cosa mi ricorda i pianti alla fine delle mie vacanze estive.

Essere liberi professionisti vuol dire essere tutto fuorché liberi, ci sono tante regole e poche garanzie, e il mio lavoro per molti versi è logorante, ma in alcuni momenti lo trovo fantastico e sono felice di non dover provare quotidianamente quel senso di oppressione che attanaglia i miei amici.

Mio figlio frequenta una scuola speciale, senza troppe regole. Non nego che accumulerà lacune che in futuro potrebbero rendergli la vita difficile, ma la domenica sera mi dice: "Non vedo l'ora di andare a scuola domani! Mi piace anche il fine settimana, ma a scuola ci sono i miei amici e ho voglia di incontrarli, sono veramente felice". Forse un domani dovrà sforzarsi il doppio, ma l'infanzia è una sola, e vederlo così contento, soprattutto se lo paragono a me alla stessa età, non ha prezzo.

Qualche tempo fa, di ritorno da uno dei miei viaggi, mi sentivo anch'io un po' abbattuta – forse i miei amici mi avevano contagiato con i loro *monday blues* –, ma nel momento in cui ho aperto la porta e ho visto mio figlio sbellicarsi dalle risate mentre sull'iPad navigava su un sito di vendite di case dalle storie bizzarre, quel senso di spensieratezza mi ha lasciato senza parole.

So che qualcuno potrebbe considerarmi una cattiva madre, e mio figlio un domani potrebbe rinfacciarmi di avergli concesso tutta questa libertà quando era bambino, tuttavia, quando ripenso al suo sorriso, mi dico che va bene così, che non deve avere fretta di crescere, che il tempo perduto si può recuperare e per ora è giusto che lui si goda l'infanzia.

Lo vedo sereno rispetto agli aspetti faticosi della sua vita – il dover prendere decisioni da solo, svegliarsi presto certe mattine, non andare sempre d'accordo con gli amici più grandi – e non faccio altro che pregare affinché le cose possano continuare così.

E se tra voi che leggete c'è qualcuno che pensa, anche solo per un momento: "La mia vita appartiene soltanto a me e voglio poter disporre a mio piacimento del tempo libero, anche se è poco", allora ne sarò felice.

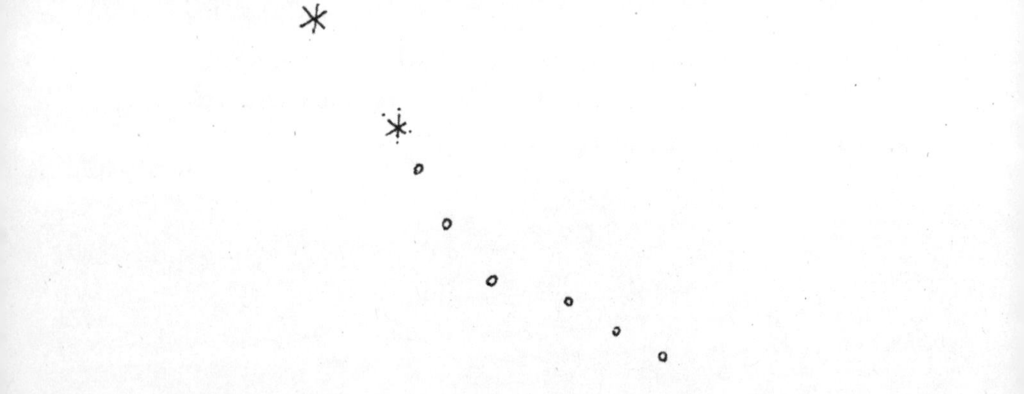

Che cos'è l'amicizia?

Credo che non si possa definire qualcuno amico in assenza di un certo linguaggio del corpo, della condivisione di molto tempo, della conoscenza reciproca di odori e idiosincrasie, di un reciproco linguaggio dello spirito o di una mentalità affine.

A parte ciò, credo che esistano anche relazioni particolari, i cosiddetti "vecchi amici", "conoscenti con cui si va particolarmente d'accordo", "compagni in un ambito specifico".

Gli "amici scrittori" appartengono proprio a quest'ultima categoria, si leggono a vicenda aiutandosi a cogliere interpretazioni più profonde e non hanno bisogno di incontrarsi troppo di frequente. E tendono ad avere rapporti più stretti rispetto ad altri gruppi di amici. Non funziona più o meno così per tutte le professioni?

Ma, tornando a quanto scrivevo all'inizio, penso che le vere amicizie richiedano un tempo molto lungo per svilupparsi.

Perciò c'è un limite al numero di amici che si possono avere nell'arco di una vita.

Il confronto più immediato che mi viene in mente è con il sentimento dell'amore. Se non ci si incontra ogni giorno, anche se magari si fa sesso, se non ci si scambia una promessa di impegno del tipo "Mi piaci tanto, possiamo dire che stiamo insieme?", allora è difficile potersi definire una coppia, no?

Con gli amici è uguale: si condivide molto, molto tempo, si litiga, si fa pace, si chiude un occhio sui reciproci difetti... E dopo un po' si arriva a potersi dire: "Siamo amici, ci diamo una mano quando serve, anche se ci costa tempo e fatica", noncuranti di cosa possano pensare gli altri.

E se qualcuno parla male di te, i veri amici ti difenderanno sempre; anche questo, secondo me, è un elemento importante dell'amicizia.

Se esprimi un'opinione particolare, che non tutti potrebbero condividere, loro ti ascolteranno anche se non sono d'accordo, poi ti diranno: "Guarda, non sono d'accordo, ma posso capire".

"Non mi dispiace stare da solo, ma sarebbe più divertente se ci fossi tu."

Questo è il mio ideale di amicizia.

E poi ci sono quelli che non definiresti amici, ma in classe eravate seduti vicini e, anche senza parlare molto, in qualche modo vi sentivate rassicurati l'uno dall'altro; oppure, da adulti, lavorate in uffici diversi ma sapete di vederla allo stesso modo su determinate questioni. E quando arriva il momento del diploma, o magari uno dei due cambia lavoro, per la prima volta vi rendete conto che la presenza di quella persona vi ha aiutati. Insomma, al mondo esiste una quantità infinita di relazioni diverse.

Vorrei avere un atteggiamento aperto e disponibile, in modo che i miei amici, pur non vedendomi spesso, sappiano di poter sempre contare su di me quando serve. E questo non solo per le persone che mi stanno vicino.

Nell'arco di questi anni ho vissuto molte esperienze di amicizia.

Avevo un'amica che, per un periodo della mia vita, ho visto ogni giorno. Mi aiutava nel lavoro e anche con mio figlio.

Finché, a un certo punto, abbiamo smesso di frequentarci.

Naturalmente c'era un motivo. La mia amica ha sposato un uomo che faceva un lavoro molto impegnativo, lui aveva bisogno del suo aiuto e questo le impediva di passare del tempo con me.

Mi sentivo un po' sola, ma pensavo che andasse bene così, perché il nostro allontanamento era dovuto a una circostanza per lei felice.

☆

Tuttavia, mi capitava di chiedermi: “Perché?”. Quella che avevo sempre ritenuto una vera amicizia forse non lo era realmente dal momento che la sua assenza non mi risultava poi così insopportabile.

Fu davvero strano.

Prima di allora, mi mancava quando non la vedevo, volevo parlarle se mi succedeva qualcosa, ma con il suo allontanamento cambiò anche il mio bisogno emotivo di stare con lei.

Mi dissi che forse, come il frutto maturo che cade dall’albero, la nostra amicizia era germogliata, cresciuta, e in modo del tutto naturale era finita. O forse avevamo passato fin troppo tempo insieme.

Se sono triste, a volte è solo perché penso che, se la nostra amicizia non si fosse esaurita, adesso ci vedremmo anche solo per bere qualcosa insieme, faremmo di tutto pur di trovare il tempo. Sentiremmo ancora quella voglia incontenibile di stare insieme.

Quando però ci capita, molto raramente, di incontrarci, non provo alcuna emozione particolare, anzi, mi sembra quasi che il tempo non sia mai passato.

Ci facciamo del tè, parliamo, stiamo in silenzio, sonnecchiamo e la nostra antica frequentazione rivive all'istante.

Credo che c'entri il linguaggio del corpo. I nostri corpi si sono parlati così a lungo che basta un niente per ritornare in sintonia. La sua presenza mi trasmette una sensazione fisica. Un po' come succede con la famiglia.

E forse è stata proprio la fine naturale del nostro rapporto a generare questo stato d'animo.

Descriverò un altro caso.

Ho una cara amica più grande di me a cui ero solita chiedere consigli, ma forse avevo un po' esagerato, dandole l'impressione di approfittarmi della sua disponibilità.

Una volta, in un locale, fu infastidita da un tipo e io non riuscii a fare niente per aiutarla. Era ubriaco e cominciò a urlarle dietro, ma solo un attimo dopo lui si rivolse a me con tono mellifluo. Fu un atteggiamento così incomprensibile da lasciarmi frastornata.

Lei si sentì ferita e perse in parte la sua fiducia in me;

a peggiorare le cose, si misero in mezzo altre persone e la convinsero che non meritavo la sua amicizia.

E così litigammo e ci allontanammo.

Cercai varie volte di riappacificarmi con lei, ma senza risultato, anche se all'apparenza tra noi continuava ad andare tutto bene.

Poi, quando meno me l'aspettavo, l'equivoco fu chiarito.

Quelle stesse persone che l'avevano messa contro di me si erano allontanate da lei; a quel punto riuscì a valutare la situazione in modo oggettivo e capì di aver frainteso tutto.

Ci vedemmo dopo tanto, mi invitò a cena in un ristorante che frequentava abitualmente e mi presentò come una sua cara vecchia amica. Ne fui così felice che mi venne da piangere.

Da allora, ogni volta che ci vediamo stiamo bene insieme.

Due forme di amicizia, una che si è interrotta, l'altra che è rinata: fatico a spiegarmi entrambe e forse il loro esito ha a che vedere con la differenza tra le due amiche in questione, ma credo che ci sia anche un'altra spiegazione.

Nel primo caso, pur avendo trascorso tanto tempo insieme, pur avendo fatto tante esperienze, io e la mia amica non abbiamo mai avuto conversazioni veramente profonde, magari sul senso che volevamo dare alle nostre vite o sul tipo di persona che volevamo essere.

Con la seconda amica, invece, parlavo sempre. Parlavamo del futuro, di come speravamo di affrontarlo. Avere due personalità completamente diverse non ci impediva di intrattenere conversazioni infinite.

Oggi penso che in quel farsi forza a vicenda si nascondesse un elemento imprescindibile della vera amicizia.

Sì, esistono tanti tipi di amicizia. Non pensate anche voi che la nostra vita sarebbe più ricca se li vivessimo tutti con uguale gusto e impegno, senza lasciarci schiacciare dal peso delle convenzioni?

Che cos’è la normalità?

Penso che a tutti capiti di sentirsi spaesati di fronte a cose troppo lontane dalla normalità.

Può essere una sensazione vaga che poi, dentro di noi, assume contorni molto più netti. Ciò che lascia indifferenti altri può mettere a disagio noi, ciò che altri amano a noi può non piacere nemmeno un po': sono cose che capitano abitualmente.

Possono essere sensazioni diverse da quelle di tutti gli altri, che nascondono anche informazioni importanti, che in un modo o nell'altro devono far parte della nostra vita.

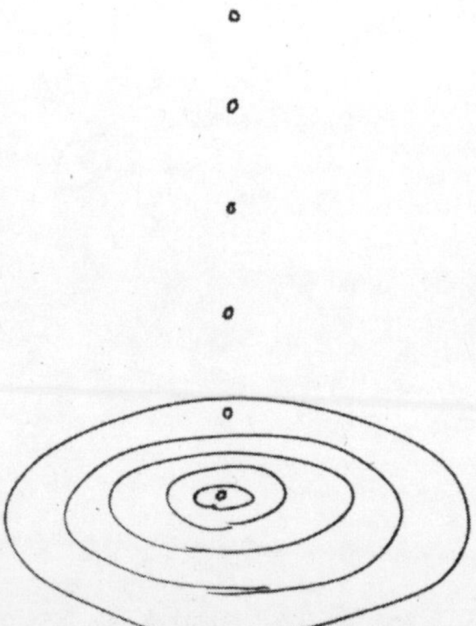

Per esempio, da un po' di tempo gli assassini che si vedono al telegiornale hanno un aspetto del tutto comune. Come il tipo che poco prima ho visto sfogliare un volume in libreria o la persona che era seduta accanto a me in metropolitana. Rivolgendogli la parola, forse voi e io avremmo una strana sensazione, ma dall'esterno li troviamo normalissimi.

Ho l'impressione che al giorno d'oggi si sia perso quanto c'era di buono nel concetto di normalità. Non è che un'ipotesi, ma è come se quelle persone non volessero sottolineare la loro diversità, celandola dietro un modo di apparire che devia dalla norma.

Ecco perché le nostre sensazioni istintive sono così importanti. Perché sono in grado di rivelarci cosa si nasconde dietro alle cose. Se riusciamo a fidarci davvero delle sensazioni, allora sono sicura che saremo in grado anche di "fingerci normali", in qualche misura, per non turbare gli altri, senza essere colpevolizzati o ritenuti strambi. E nelle situazioni in cui, invece, scendiamo a compromessi, allora riusciremo a dirlo senza troppi giri di parole.

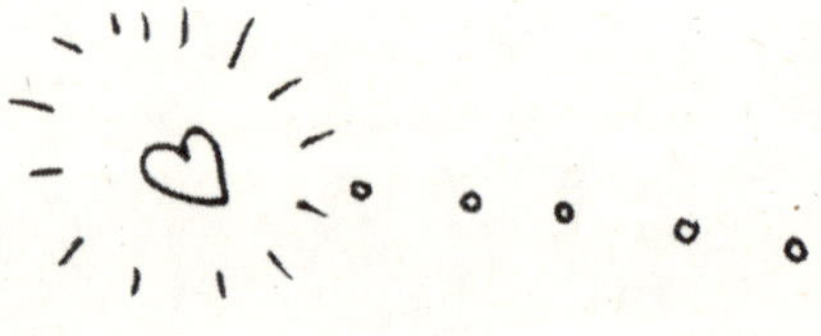

D'altra parte, non credo che comportamenti falsamente normali possano salvarci da alcunché. Se ci si sforza troppo di agire in modo naturale, con ogni probabilità nessuno ci concederà ciò che desideriamo o si prenderà cura di noi.

Penso che la verità stia in ciò che si vede (purché chi guarda sia realmente capace di vedere).

E che quindi sia importante affinare la nostra capacità di valutare le persone sulla base del loro aspetto esteriore.

Già da ragazza mi piaceva vestirmi come era di moda in California, come nei film che vedevo quando ero bambina. Da qualche tempo quello stile è tornato in auge, ma all'epoca quasi nessuno si vestiva così perciò, quando me ne andavo in giro, avevo un aspetto sopra le righe. Non che indossassi abiti particolarmente stravaganti, erano solo un po' diversi, ma bastavano a darmi un'aria sbarazzina.

Fu allora che capii una cosa.

Il mio modo di vestire sarebbe passato inosservato in California, mentre in Giappone era considerato un poco eccentrico. E infatti sappiamo che i giapponesi tendono sempre a volersi uniformare.

A volte però non si può evitare di dare nell'occhio. O è piuttosto il contrario: uno dà nell'occhio e proprio per questo, alla fine, si spinge oltre, estremizza. E non mi riferisco solo all'abbigliamento, forse accade così anche nella scrittura.

Non biasimo affatto chi segue i propri gusti anche quando non sono condivisi dalla maggior parte delle persone, anzi. Vorrei che la nostra società accettasse senza riserve tutti coloro che si distinguono dagli altri. Ho portato a esempio l'abbigliamento, ma vorrei che ci prendessimo cura di chi, in qualsiasi campo e in maniera del tutto naturale e innocua, fa cose diverse.

Quando entro in un negozio, capita che i commessi si irrigidiscano per via della mia aria inusuale o di certi miei modi dirompenti. Qualche volta da giovane mi sono chiesta se ci fosse qualcosa di strano nel mio aspetto. Mio padre, che ora non c'è più, me lo diceva sempre: "La tua stravaganza spaventa le persone".

Mi succede ancora adesso, ma quando poi dico che

lavoro faccio, in genere le persone si rilassano. La gente teme ciò che non capisce fino in fondo. Mentre la normalità rende tutti più tranquilli.

In conclusione, però, c'è una cosa che vorrei aggiungere.

Mi è capitato di conoscere persone che, sin dal nostro primo incontro e a dispetto della mia stranezza, del disagio che avrebbero potuto provare non sapendo quale fosse la mia professione, mi hanno dimostrato comprensione e simpatia. Poi ho detto loro chi sono e mi hanno confessato di aver intuito che non facevo un lavoro comune, tuttavia non hanno cambiato atteggiamento. Sono persone che hanno avuto successo nella vita professionale e sentimentale.

Mi piacerebbe che tutti fossimo dotati di due istinti apparentemente contraddittori, quello di proteggersi di fronte a ciò che ci mette a disagio e quello di osservarlo con mente aperta. Solo così potremo lasciarci trasportare in un mondo all'apparenza normale, ma che fortunatamente non lo è affatto.

Che succede quando si muore?

Da sempre sento dire che i morti vivono dentro di noi, e ogni volta pensavo che no, non è così, noi li ricordiamo, ed è una cosa diversa.

Insomma, per me ricordare era solo un modo per accettare la morte di chi si è amato.

Da un certo momento in poi, però, ho iniziato a notare che tendevo a guardare il mondo con gli occhi dei miei genitori.

L'ho raccontato anche in una raccolta di saggi e mi scuso con chi dovesse conoscere già la storia.

Quello che avevo con mia madre non era affatto un rapporto idilliaco.

Non voglio dire che non ci volessimo bene, ma eravamo del tutto incompatibili e tra noi c'è sempre stata una certa distanza.

Mia madre ha sempre avuto un debole per mia sorella, ed è rimasta "figlia-dipendente" (passatemi il termine) fino alla fine.

Se per caso mia sorella usciva e a casa rimanevo soltanto io, mia madre era capace di venire ogni tre minuti a chiedermi "Dov'è tua sorella?", cosa che mi feriva non poco (c'è da dire però che non capitava spesso che uscisse; per mia madre ogni sua assenza era una questione di stato, quindi mia sorella cercava di stare il più possibile insieme a lei. Devo riconoscere che era ammirevole. Al suo posto mi sarei data alla fuga).

A dire il vero, in quei momenti riuscivo a tenere a bada le emozioni e pensavo semplicemente: "È naturale che sia così, perché mia sorella finora ha costruito con mia madre un rapporto fondato sull'assoluta sincerità,

mentre io non faccio che sfuggirle". Questo mi rattristava, ma mi sforzavo di vedere la cosa in modo razionale.

In uno degli ultimi giorni di vita di mia madre, mia sorella uscì di casa e io andai a controllare come stesse la mamma: sudava e aveva caldo. Regolai l'aria condizionata per rinfrescare la stanza. Era estate ed era davvero afoso. Le asciugai il sudore, le offrii dell'acqua, le feci un leggero massaggio.

Mia madre disse: "Mah, comunque sia...".

Mi ricordai che anche da giovane ripeteva quel "comunque sia", un suo modo di intercalare.

Era solare, sincera, si fidava delle altre persone e sapeva portare il buonumore, molto empatica con tutti. Mentre le massaggiavo con cura le gambe, un pensiero mi attraversò la mente: "Non saprei amarla più di così". Non ero in grado di nutrire un sentimento superiore a quello che provavo in quel momento, per me era il massimo. Era triste ma, data la natura del nostro rapporto, non sarei riuscita a prenderla in braccio, portarla a casa mia e dedicarle tutte le cure di cui aveva bisogno. Dentro di me le chiesi perdono. La ringraziai per avermi

donato la vita e per essersi data così tanto da fare per crescermi nonostante la sua salute cagionevole. Le chiesi scusa perché non ero in grado di fare di più.

Quando si addormentò me ne tornai a casa. Dopo un po' passò a trovarla mia sorella con degli amici, poi andarono via e lei visse ancora alcuni mesi.

Per qualche motivo, nonostante l'abbia vista anche dopo, ho avuto l'impressione di averle detto addio proprio quel giorno.

Fu allora che la mamma e io ci salutammo per l'ultima volta.

Quando arrivò il momento del vero commiato, il clima fu particolarmente sereno.

Mio figlio era nella stanza di mia madre e leggeva qualcosa con aria pigra, la tv era accesa e lei stava riposando. Guardando la scena ripensai alla mia infanzia. Ricordo che trovai quel momento incantevole.

Ce ne andammo un po' di fretta, ignari che non l'avremmo più vista in vita, e per certi versi credo che sia stato meglio così.

La volta dopo mia madre era nel suo letto, morta, sulle

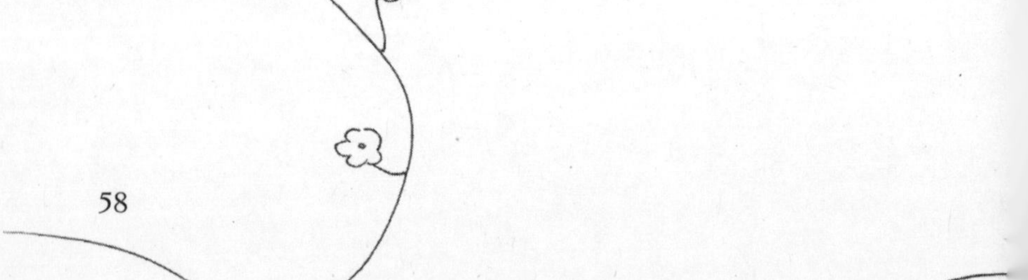

sue guance persisteva un leggero tepore e sembrava che stesse solo dormendo. Vedendo quell'espressione così composta pensai ancora una volta a che persona meravigliosa fosse stata.

Dicono che le persone ascendano al cielo il quarantanovesimo giorno dopo la morte, e io ci credo.

Una sera mi appisolai e feci un sogno.

Più che un sogno, era uno di quei momenti strani in cui le immagini oniriche si mescolano con frammenti di realtà.

Mia madre camminava nel corridoio fuori dalla stanza dove stavo dormendo.

Sorpresa, mi alzai e andai da lei.

Sembrava un po' più giovane rispetto all'età che aveva quando era morta e camminava un po' a fatica. A un certo punto mi guardò e disse con tono piatto: "Quindi è qui che abiti".

L'avevo capito. Quando stava per piangere, mia madre parlava sempre così.

"Vado a dare un'occhiata al piano di sopra," disse, e salì le scale.

In cima alle scale brillava una luce bianca che inghiottì mia madre, e non la vidi più.

Piangendo la implorai di non andare, ma sentii solo la sua voce che mi diceva: "A presto!".

Mi risvegliai ancora in lacrime, la casa era immersa nel buio e capii che se n'era veramente andata. Contai e realizzai che era più o meno il quarantanovesimo giorno dopo la sua morte.

Scrissi a mia sorella e lei mi rispose che comprendeva come mi sentissi.

Pare che, subito prima di morire, nostra madre le avesse detto di non sentirsi bene e di avere non so che problema con gli occhiali. Mia sorella glieli sistemò e andò a prepararle un toast, ma quando tornò a portarglielo si accorse che non respirava più. E che lo stesso giorno in cui io l'avevo sognata, mia sorella, con profonda commozione, dopo averlo scongelato, aveva tostato e mangiato l'ultima fetta di pane della confezione che aveva usato per lei. Era sembrato anche a lei un punto di svolta.

Con mio padre è capitata una cosa simile.

All'incirca una settimana dopo la sua morte mi trovavo in Inghilterra e feci uno strano sogno.

Sakurai Shōichi, altrimenti conosciuto come Janki, era a casa dei miei genitori insieme a mio padre, anche lui un po' ringiovanito e tutto sorridente.

Mio padre era sempre stato una buona forchetta, ma poco prima di morire, oltre ad aver perso quasi del tutto la vista, non riusciva più a mangiare.

Disse a Sakurai: "Mi sembra di vederci un po' meglio e finalmente riesco anche a mangiare qualcosa", e io nel sogno pensai: "Ma certo, è perché sei morto...".

Sakurai gli rispose: "Bene, allora assaggi un po' di questo". Il suo tono era gentile e sembrava che volesse persuaderlo di qualcosa.

Mio padre, lucido come sempre, domandò con aria sorpresa: "Maho-*chan* (il mio vero nome è Mahoko), chi è questo signore?".

Mi affrettai a spiegargli che persona straordinaria fosse Sakurai, leggendario giocatore di mahjong e poi imprenditore: "Questo signore è stato un giocatore di

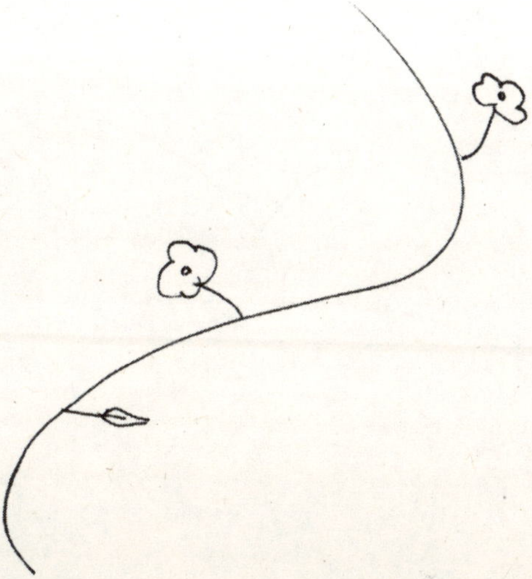

mahjong imbattuto per vent'anni, e in seguito ha aperto una scuola dove addestra i più giovani...".

Ma Sakurai mi interruppe e disse: "Basta così, Banana. Signor Yoshimoto, sono un amico di Banana".

A quel punto mi svegliai, sorpresa di trovarmi in Inghilterra. Il sogno era stato così realistico da farmi dimenticare dove fossi.

Ma la cosa più incredibile fu che Sakurai aveva fatto lo stesso sogno.

Credo che nei primi quarantanove giorni le persone, ignare di essere morte, se ne vadano in giro, salutino i loro cari, continuino a comportarsi come quando erano in vita: insomma, restano ancora con noi.

Ecco perché in quel lasso di tempo è importante, a mio avviso, piangere, parlarci, esprimere loro la nostra gratitudine.

Dopo, forse, ascendono al cielo e si limitano a farci visita solo ogni tanto, quando se ne ricordano. Magari perché lassù il tempo scorre a una velocità diversa.

Preferisco vivere intensamente ogni esperienza anziché domandarmi cosa accada dopo la morte, e se i no-

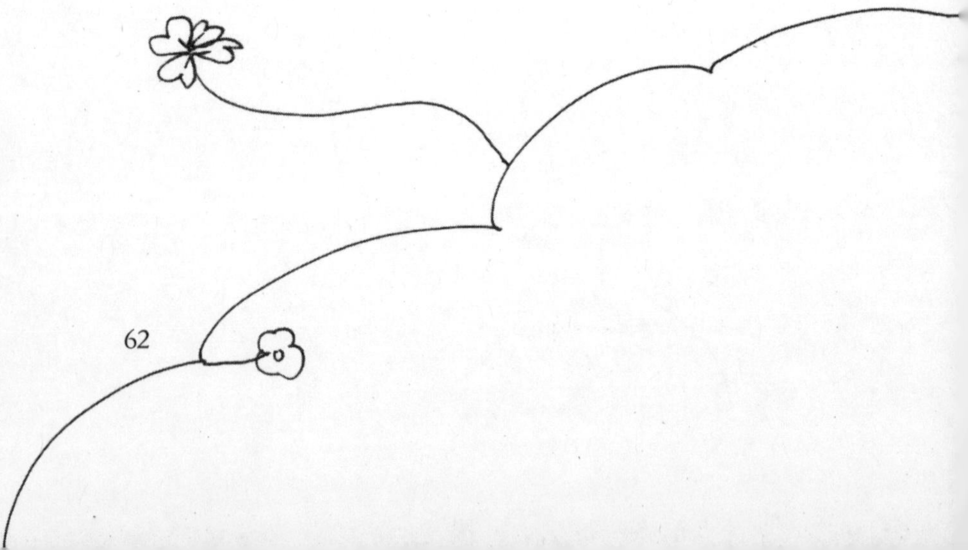

stri cari ci proteggano oppure no. Credo che di tanto in tanto il nostro mondo e l'altro entrino in comunicazione tra loro.

La morte mi fa paura, ma in parte mi incuriosisce perché, quando arriverà, potrò verificare in prima persona che cosa ci sia dall'altra parte.

Ciò che trovo più sorprendente è che quando sento al mio fianco chi non c'è più – perché penso che siano al mio fianco, non che mi osservino dall'alto –, è come se dentro di me custodissi il loro sguardo sul mondo.

Continuare a vivere insieme non vuol dire ricordarsi dei genitori e sentirli, solo per questo, presenti, ma accogliere frammenti della loro anima all'interno della propria.

È soltanto il mio modo di immaginarmeli, ma secondo me i nostri cari sono vicino a noi e ridacchiano divertiti alle nostre spalle quando ci vedono alzare gli occhi al cielo o giungere le mani davanti a un altarino o a una tomba.

Viviamo tempi difficili e i suicidi sono all'ordine del giorno.

Credo che si arrivi a un tale gesto quando l'amore che ci portiamo dentro si esaurisce. E per amore non intendo quello a cui siamo abituati a pensare, ma una forma particolare di energia.

All'inizio della vita riceviamo dai nostri genitori una riserva di amore quasi inesauribile, ma quando ciò non accade può essere sufficiente una difficoltà a dar fondo alle scorte di energia. Rimettersi in piedi non è affatto facile.

Per questo vorrei che nessuno si togliesse più la vita.

Veniamo al mondo per alimentare le riserve d'amore di chi ci sta accanto, per imparare a crescerle, e dobbiamo vivere cercando di recuperare l'affetto perso lungo il cammino.

E il bello di questa riserva è che si alimenta anche quando siamo noi a dare amore agli altri.

E vorrei aggiungere: andare a letto e alzarsi all'ora che vogliamo, navigare in rete quanto ci pare sono lussi che possiamo concederci solo finché siamo in salute.

Così come la persona cui è stata asportata chirurgica-

mente una parte dello stomaco si ritrova all'improvviso a non poter più addentare una bistecca; la salute si può trascurare solo se c'è ancora.

Se quindi sentite approssimarsi l'idea del suicidio, fate almeno un tentativo di riportare ordine nella nostra vita. Svegliatevi ogni mattina alla stessa ora, fate attività fisica, infilatevi presto sotto le coperte anche se non avete sonno. Limitate il tempo trascorso sui social, consumate alimenti proteici e sani, state alla larga da relazioni complicate, dall'alcol, tenete a bada gli appetiti sessuali e cercate di ripristinare le vostre riserve di amore.

Così avrete una speranza di poter ricominciare a vivere giornate spensierate... e sregolate.

Non mi sorprende che si possa perdere la voglia di vivere quando identifichiamo il piacere solo con il cibo, l'alcol, i social network e le notti di divertimento, ma dobbiamo soltanto prenderci una piccola pausa per recuperare le energie di cui abbiamo bisogno per andare avanti.

È un insegnamento che ho tratto dalla mia personale esperienza, e che voglio trasmettere a chi è più giovane di me.

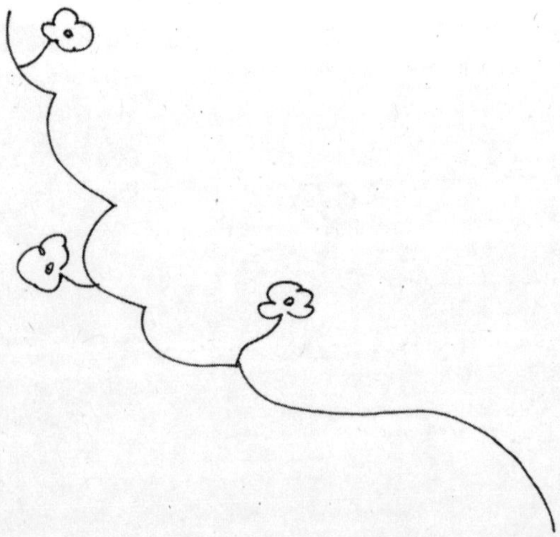

Crescere è un bene?

Cominciamo col dire che, se ammiriamo le persone anziane, diventa tutto più semplice.

Usiamo le buone maniere verso chi ha anche solo un anno più di noi, guadagnandoci così i pranzi e le cene che vorranno offrirci (eh eh eh).

E offriamone a quelli più giovani di noi.

È un'usanza che non mi dispiace, non ci tengo a cambiarla e il più delle volte la faccio mia. Credo tuttavia che ciascuno abbia le proprie preferenze e quindi la cosa migliore è trovare un equilibrio all'interno della propria cerchia di appartenenza.

Una volta pensavo che arrivata alla soglia della mezza età avrei smesso di curare il mio aspetto, mi sarei lasciata andare fisicamente, sarei diventata sfacciata e avrei cominciato a parlare a voce alta, poi a indossare capi leopardati, e a quel punto la mia vita sarebbe giunta al capolinea.

Invece non è andata così; alcune cose, ahimè, non posso negarle... in particolare, le stoffe leopardate e la forma fisica. Quello che è cambiato è che ho imparato a conoscermi e sotto molti aspetti la vita è diventata più semplice.

Adesso so perfettamente in quali ristoranti non voglio andare, cosa non voglio bere o indossare, e soprattutto chi sono le persone che non voglio incontrare. Ed è così che riesco a dare una forma alla mia esistenza.

Non è difficile da capire, se ci riflettiamo, ma trovo che i bambini non godano di alcuna libertà. Sono tenuti ad agire entro i limiti tracciati dai genitori e dalla scuola, inoltre non sono indipendenti dal punto di vista economico. Non possono scegliere come vivere e devono accontentarsi degli amici della ristretta cerchia delle

loro conoscenze. Se qualcuno oggi mi dicesse di tornare indietro a quand'ero bambina, penso che gli chiederei di non scherzare. Anni di energia straripante soffocata dall'assoluta mancanza di libertà: nessuna scelta, nessuna autonomia.

Ciononostante, guardando le fotografie di quando ero giovane qualche volta divento malinconica. Che linea, che energia, che velocità di reazione! C'erano esperienze che potevo vivere solo allora, avrei dovuto approfittarne, mi dico adesso.

Ignoravo tante cose ed ero convinta che il meglio dovesse ancora arrivare, e ho finito per impormi dei limiti. Avrei fatto meglio a indossare di più il bikini, a truccarmi in modo appariscente, a farmi delle grandi scorpacciate. Non me le sono certo negate, ma avrei dovuto farne di più.

E poi all'improvviso mi rendo conto di una cosa.

Ma sì: tra dieci, venti o trent'anni, se sarò ancora viva, ma piena di acciacchi, vedrò allo stesso identico modo la me di adesso!

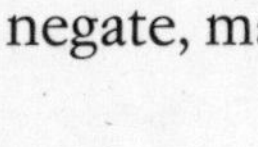

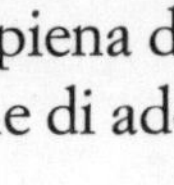

E allora devo pensare solo a godermi il presente.

È il messaggio più importante che la me del futuro può trasmettermi.

Forse questa consapevolezza è il segnale che siamo veramente diventati adulti.

Qual è il senso della vita?

Arrivata a quest'età, finalmente mi è tutto chiaro.

La vita ha un senso. Posso dirlo senza timore di smentite.

Perché la morte è davvero la fine di tutto. Non resta alcun senso della realtà.

Potrà apparire in contraddizione con quanto ho scritto poco fa, che chi è appena morto conserva ancora un po' di vita, ma quello che intendo dire è che quando il corpo viene meno non si può più mangiare qualcosa di buono gustandone il sapore, non si può né piangere né ridere. So che molte persone staranno pensando che in verità saranno felici di trasformarsi in assenza, ma

credo che nessuno possa fugare il rimpianto che ciò sia accaduto prima di avere portato a termine tutti i propri compiti.

Non sentiremo più l'acqua rinfrescarci la gola né il calore delle lacrime.

Io non potrò più battere sulla tastiera del computer per scrivere romanzi e non sentirò più male alla schiena per le lunghe ore trascorse seduta.

Se questo non è assenza, allora cos'è?

Penso che ognuno di noi sia venuto al mondo con lo scopo di portare a compimento sé stesso.

E, nel farlo, ognuno di noi si rivela utile a qualcun altro. È così che sono fatti gli esseri umani, secondo me.

Le difficoltà, la sofferenza, l'apatia sono tutti segni che non stiamo ancora vivendo come dovremmo. E il nostro stato di incompletezza ci porta a circondarci di persone ugualmente non risolte, che forse è il motivo per cui il mondo è ridotto in queste condizioni.

Vivere come dovremmo è veramente difficile. Penso che sia un continuo lavorare su sé stessi, anche nei momenti di riposo, un'operazione quotidiana e vitale. Dico "penso" perché è una situazione che affronto solo occasionalmente, ma se cerchiamo di restare in piedi mentre cavalchiamo le onde, se facciamo le nostre valutazioni con mente tranquilla... allora, piano piano, ci avvicineremo alla versione di noi che dovremmo diventare. Nel mezzo ci tocca affrontare prove e tribolazioni, ma riusciremo a cavalcare queste onde e, alla fine, a lasciarcele alle spalle.

Funziona come con il surf: è necessario tanto esercizio. Come il surfista inesperto che, all'inizio, esce in mare con la sua tavola e la testa piena di regole da rispettare.

Ci sono tanti schemi diversi.

Alcune persone sono figli d'arte, già da piccoli hanno avuto dimestichezza con il mare perché i genitori da tempo facevano surf, altri hanno scoperto il mare solo da grandi e ne sono rimasti affascinati, altri ancora hanno iniziato ad amarlo incoraggiati dal partner... Ognuno merita rispetto, per sé e per il proprio percorso unico. Nessuno è superiore o inferiore agli altri.

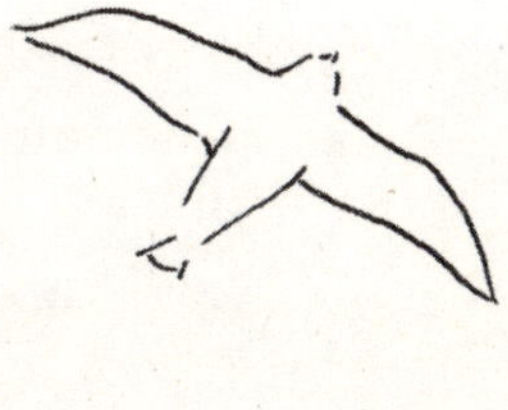

Tuttavia, se non ci si libera da certe sovrastrutture non si può diventare la persona che si è veramente dentro.

C'è chi teme una società in cui tutti riescano a realizzare il proprio vero potenziale. Non è esagerato dire che è per questo che esistono le scuole e le aziende, e che oggi le scuole sono come dei campi di addestramento per insegnare a lavorare insieme come in un'azienda. Ma non fraintendetemi: neanche lì è impossibile diventare la persona che si dovrebbe diventare.

Ci si può realizzare come individui in senso lato mentre si è dominati dai meccanismi aziendali? Questo a mio avviso dipende soprattutto dal singolo individuo.

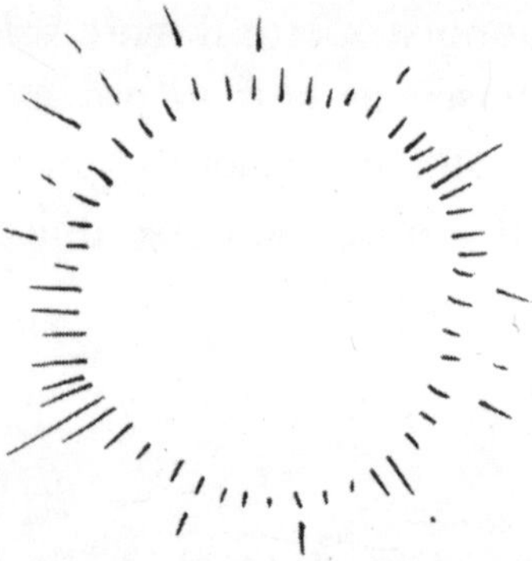

Che vuol dire darsi da fare?

Al giorno d'oggi si tende a storcere il naso davanti all'espressione "darsi da fare", ma a me invece piace molto.

Quando mi sento giù, è sufficiente che dica a me stessa, con il tono più squillante possibile, "Devo darmi da fare!" perché l'aria cambi all'istante. Si rinfresca, proprio come quando apriamo la finestra nelle notti in cui siamo rimasti svegli per studiare o lavorare.

Se però incoraggiamo qualcuno a darsi da fare e quel qualcuno non ci riesce, oppure ci prova ma le cose vanno male lo stesso, è doveroso a mio giudizio astenerci da ulteriori commenti.

"Datti da fare" è una frase simile a una preghiera, va pronunciata e lasciata lì... sospesa.

Dal punto di vista di chi deve darsi da fare, poi, potrebbe essere una specie di misura.

Una misura che serve a determinare la distanza tra la propria condizione presente e quella che si vorrebbe o dovrebbe raggiungere dandosi da fare.

Una volta chiarito questo punto, organizzare la propria vita diventa più semplice, perché si acquisisce una consapevolezza ben precisa: "La misura delle mie capacità è pari alla distanza che posso percorrere senza dovermi dare *troppo* da fare".

Dovrebbe essere quella l'entità del nostro impegno, né più né meno.

Ed è importante anche prestare attenzione a ciò che si prova quando ci si sente dire "Datti da fare".

Se quel monito ci provoca un senso di opposizione o ci infonde coraggio, per esempio. Se ci fa sentire sotto pressione o se invece ci stimola a compiere ancora un ultimo passo verso la meta. Di certo dipende anche da chi ce lo dice e dalla situazione in cui ce lo sentiamo dire.

Anche quello può diventare un buon metro di giudizio. Utile a conoscere meglio noi stessi.

Se qualcuno vi dice cose del tipo: “Non ti hanno dato nessun premio”, “Non credi che avresti potuto fare qualcosa in più?”, “Chi non arriva in vetta non può dire di essersi dato da fare”, allora guardatevi dentro e rispondetegli a tono.

“Ho fatto del mio meglio, questo per me significa darsi da fare.”

“Riconosco di aver commesso un errore, avrei dovuto comportarmi diversamente. Farò tesoro dell’esperienza per il futuro.”

“Tornando indietro farei scelte diverse, ma sono comunque soddisfatto.”

“Certo, avrei potuto fare di più, ma si trattava di una mansione che non mi è congeniale.”

Dirlo aiuterà i nostri interlocutori a capirci, presto o tardi, ma soprattutto sarà una forma di amore per noi stessi.

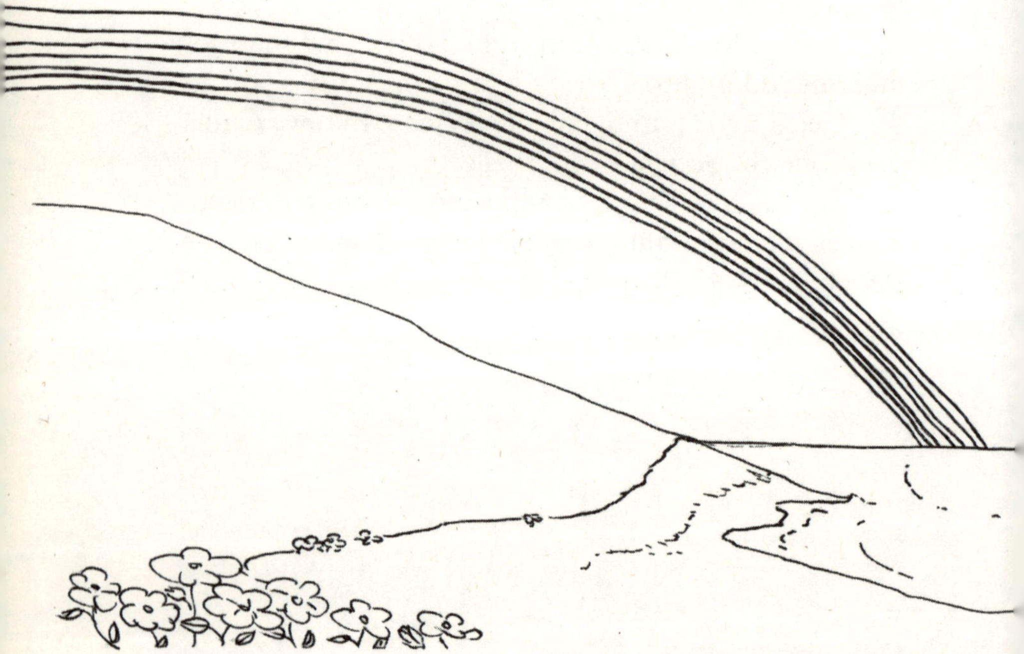

Epilogo

Pensare al futuro

Quando si parla di "futuro", molte persone pensano ai "sogni", a ciò che vorrebbero diventare, non è così?

Se per esempio ci reputiamo più carine della media e magari ce la caviamo con il canto, pensiamo che potremmo tentare di entrare nel mondo della televisione... E chissà che non ci vada bene.

Certo, è un'eventualità che non si può escludere in modo categorico, tuttavia chi riesce a intraprendere quel tipo di carriera spesso è in grado di farsi apprezzare dal pubblico già dall'infanzia. E senza neanche rendersene conto si ritrova con la strada già tracciata.

È bello avere dei sogni, ma difficilissimo intraprendere un percorso che non poggi su basi solide. Da questo punto di vista, non mi sembra realistico aspirare a un futuro troppo idealizzato, molto lontano dal nostro mondo e dai nostri interessi. Anche perché ciò potrebbe condurci a rinnegare ciò che abbiamo amato fino a quel momento.

A me non sembra giusto. L'esperienza assimilata ci rende ciò che siamo, e a mio avviso sarebbe meglio indirizzare i nostri sforzi in tal senso, farne tesoro.

Se riflettiamo sui motivi per cui siamo nati in un determinato contesto, amiamo determinate cose, se prestiamo attenzione a ciò che ci circonda, allora il futuro cesserà di essere una vaga visione nebulosa.

Capita spesso, per esempio, che seguire le orme dei propri genitori si riveli il modo più semplice di intraprendere una professione, magari perché abbiamo un'attività di famiglia. Le persone stranamente tendono a non apprezzare ciò che hanno, ma conoscere in prima persona un ambiente di lavoro, incluse le difficoltà, è un grande vantaggio.

Riconoscere le proprie passioni e competenze è estremamente importante. Ed è fondamentale anche sapere fino a che punto possiamo – vogliamo – spingere quelle passioni.

Per capire cosa desideriamo fare del nostro futuro è necessario del tempo. Non importa quando cominciamo a esplorare le nostre inclinazioni e idiosincrasie. È difficile se la distanza tra noi e i nostri sogni si rivela eccessiva e, sebbene vi siano persone che riescono a cavarsela, rimane un'impresa ardua.

Perché niente si conquista in un giorno. Chi più e chi meno, abbiamo tutti il nostro bagaglio di esperienze, commisurato al tempo che abbiamo vissuto, compresi i bambini di dieci anni e i ragazzini di quindici. Anche loro dovrebbero prestare attenzione alle proprie attitudini, magari facendosi aiutare dai genitori. Basterà a capire tante cose. Le inclinazioni di una persona emergono con una certa chiarezza già intorno ai dieci anni di età.

L'ideale sarebbe che, così facendo, il futuro prendesse corpo gradualmente mentre il bambino passa dalle elementari, poi alle medie e infine al liceo.

Credo che, se siamo in grado di cercarla, per ciascuno di noi sia possibile trovare l'occupazione perfetta.

Arrivate a una certa età, le persone tendono a rifugiarsi nelle attività che trovano più congeniali. E talvolta finiscono per alterarle. Se si cade nel circolo vizioso di risolvere le situazioni complicate ricorrendo sempre e solo a ciò in cui si è bravi, con il tempo si rischia di diventare meno bravi, ma soprattutto di perdere tutto il divertimento che provavamo inizialmente nello svolgere quell'attività.

Immaginiamo per esempio un'infermiera, eccezionale nell'accudire le persone anziane e benvoluta da tutti. Proviamo a chiederle: "Che mi dici della tua vita privata?", e lei magari ci risponderà che le basta il suo lavoro, che si sente appagata e in ogni caso ha tanto da fare, ma non le pesa perché ha i suoi nonnini e le sue nonnine a cui pensare. Alcune persone si focalizzano così tanto su qualcosa da non riuscire a dedicarsi a nient'altro. Esagerando, potremmo dire che quell'infermiera è tanto brava a parlare con i nonnini e le nonnine quanto incapace di confrontarsi con potenziali partner della sua età.

Se il solo mondo che conosciamo è quello dei nostri interessi, faticheremo a osservare certi problemi da prospettive differenti e ciò comporterà, con il tempo, un peggioramento delle nostre capacità, il che corrisponde a un terribile spreco di talento.

Il mondo in cui viviamo ci pone continuamente di

fronte a situazioni che possono farci perdere la fiducia in noi stessi e convincerci che si deve agire per forza in un determinato modo o che a vincere è sempre e solo il più forte. È del tutto naturale, allora, cercare di puntare su ciò che ci riesce meglio, perché questo ci dà anche sicurezza.

Ma è un mondo così difficile che basta un passo falso per sentirci persi, ed è questo il motivo per cui desideriamo essere forti dove ci sentiamo più competenti. Lo capisco, è normale, ma ho l'impressione che un atteggiamento che comporta meno rischi equivalga in qualche modo a una fuga, che ci renda sempre meno autonomi, quindi più vulnerabili. Si finisce per adagiarsi sugli allori. E non c'è gusto a vivere se non si mette mai in pratica alcun cambiamento.

A mio avviso, sin da bambini e poi da giovani è importante compiere il maggior numero possibile di esperienze diverse, a costo di coprirsi di ridicolo per aver provato a fare qualcosa per cui non si è portati.

Solo così, una volta cresciuti, saremo in grado di svolgere bene quello che sarà il nostro lavoro.

Ho deciso che sarei diventata una scrittrice quando ero ancora molto piccola, quindi non coglievo fino in fondo il senso di tutte quelle cose che i più davano per scontate, come per esempio la scuola e lo studio. Dopo l'esordio in giovane età, tuttavia, sentivo di difettare enormemente in esperienza di vita. Non avevo mai avuto un vero lavoro. Dovevo fare qualcosa, così ho cercato di conoscere tante persone diverse, di viaggiare. Ho dovuto imparare come vestirmi e comportarmi, come rivolgermi educatamente a chi incontravo lungo il cammino. Mi è costato fatica e denaro. Ma è servito ad ampliare i miei orizzonti, quindi non me ne pento.

Amo scrivere, e quando lo faccio continuerei all'infinito. Se in quel periodo avessi continuato a scrivere tra le quattro mura di casa, i miei romanzi avrebbero perso spessore. Risparmiando quel denaro avrei avuto minori difficoltà a tirare avanti, ma maggiori problemi con la scrittura. È stato fantastico visitare posti nuovi e incontrare persone sconosciute, mi ha reso più forte e capace di rappresentare con la mia penna gente di ogni estrazione, anche molto diverse dalla mia.

Il mondo è grande e ricco delle professioni più svariate e di idee differenti. Essendoci un limite alle esperienze che ciascuno di noi può vivere in prima persona, credo molto nelle occasioni di incontro, di scoperta del lavoro altrui, di ripensamento delle proprie convinzioni. Basta guardarsi intorno per trovare motivi di interesse che ampliano il nostro mondo e ci insegnano l'umiltà.

A mio avviso, l'indipendenza non ha niente a che vedere con il denaro. Ci sono molte persone che guadagnano bene e vivono lontano dai genitori, dai quali tuttavia non sono affatto indipendenti. La loro condizione potrebbe farli sembrare tali, ma in realtà non lo sono.

Secondo me la persona indipendente è quella che è riuscita a risolvere almeno un problema senza dire niente ai propri genitori o fratelli o sorelle. Chiedendo magari consiglio a un amico, ma non alla famiglia. Chi ci riesce può dirsi indipendente.

E non è necessario che succeda quando si è ancora molto giovani.

Io credo di essermi scoperta indipendente quando ho intuito che non ero tenuta a informare i miei genitori di ogni singola cosa. Ripensandoci, deve essere stato intorno ai quarant'anni. Conta molto, a mio avviso, anche la volontà di alzarsi e camminare da soli. Ci sono anche persone che non avvertono questo bisogno, che possono vivere una vita intera senza rendersi mai indipendenti, e non sta a me obbligarli a darsi una mossa.

Ma per me è stato un bene. Mi sono sentita subito ricca. Sentivo che espandevo i confini del mio mondo e che mi stavo facendo carico dei miei problemi. Sapevo che i miei genitori c'erano, ma a me bastava poter vedere il loro volto. Deve essere stato allora che sono diventata davvero indipendente.

In ultimo, vorrei aggiungere che, oltre al lavoro, nella vita è importante anche divertirsi, avere uno scopo, anzi, è necessario. Perché, se si lavora soltanto, la vita non è poi così bella. Perde di intensità. Credo che il modo migliore di immaginarla sia così: ogni aspetto della nostra vita è collegato a tutti gli altri, in un continuo e reciproco arricchimento.

Indice